NumériqUs

us : du latin *usus* (« *usage* »).

Je vous propose de réfléchir à l'utilisation d'un
nouvel outil né dans les années 80 :
le numérique.

Table des matières

"Le digital se rapporte aux doigts" (Le Robert).

Et bien il est temps de reprendre la main.

A M&M.

Grand merci à Alain, Isa, Olivier et Salomé.

1. L'Introduction aux changements

Concentrez-vous, nous allons faire une expérience de pensée, beaucoup plus simple que celles d'Einstein. Je vous demande d'imaginer que vous n'avez pas votre téléphone, et pas de PC ou de tablette à côté de vous. Vous êtes déconnecté, pas de messagerie, d'email de réseaux sociaux... C'est bon vous y êtes ?

Allez, courage... Projetez-vous, aucun écran.
Maintenant pensez au reste de votre journée...

Comment allez-vous ?

Poursuivons l'expérience, imaginez que vous venez de passer deux semaines de sevrage numérique total. Oui je sais c'est difficile, mais c'est du fake, juste imaginez. Faisons le point :

Votre attention ? Est-elle plus soutenue, sur de plus longues durées ? Rappelez-vous, avant elle était partagée, diffuse, multi écrans. Partout, au restaurant, en conduisant, devant la TV (80% des téléspectateurs sont des dual screener[1])
.

Vos interactions sociales ? Avez-vous plus de liens et de conversations avec votre famille, vos collègues, le sentiment d'avoir plus de temps ?

Votre niveau de stress ? Faites abstraction du sevrage. Vous sentez-vous plus détendu ? Et cette pression permanente des news qui tournent en boucle, et la crainte de louper un mail, un insta, un whatsapp...

---

[1] Personne qui regarde deux écrans simultanément, souvent employé pour caractériser une personne qui regarde la télévision et son smartphone.

Continuez d'imaginer, en prenant de la hauteur vous voyez la cité virtuelle dans laquelle vous vivez, avec cette pollution numérique et ce bruit digital permanent.

Fin de l'expérience, retour au réel.

Tout va de plus en plus vite. Prenez la correspondance : en une génération (la mienne), elle a évolué de la lettre, au télex, au fax, puis au mail et au texto. Dans nos échanges, tout s'est accéléré d'un facteur 500, et le reste à dû suivre, y compris les prises de décisions…

Il y a 40 ans, passer une commande prenait 3 à 4 semaines. C'était le temps de l'échange d'une lettre qui était rédigée, expédiée, reçue, répondue, renvoyée, avec 2 ou 3 allers-retours ; le rythme de la vie des affaires à l'époque. Dix ans plus tard c'était le Télex puis le Fax, là il était de bon ton de répondre dans la semaine. Dix ans plus tard avec le mail si vous ne répondez pas dans les 48h… c'est sans doute que vous avez été viré. Aujourd'hui c'est Messenger, WhatsApp, Wechat, QQ… Vous ne répondez pas dans l'heure ? Vous êtes décédé !

Quarante ans dans l'histoire de l'humanité…

Maintenant je vous propose une nouvelle expérience, non, pas de pensée cette fois. Une expérience interactive avec ce test de Servitude Digital (Test DS).
Nous allons évaluer votre niveau de dépendance au numérique. Rassurez-vous ce test est anonyme.

Allez là : www.aoz.studio/numeriqUs
Ou prenez en photo ce QR Code.

Si votre score DS est inférieur à 5/20 on ne va pas vous croire. Si il est supérieur à 12/20 vous devriez vraiment continuer à lire ce livre.

L'intérêt de ce test n'est en réalité pas dans votre score en absolu, mais en relatif : comment vous situez-vous par rapport aux autres testés, y a-t-il une différence entre les hommes et les femmes, les pays, les âges ?

Mutation anthropologique

Le numérique s'est installé partout et il n'a pas modifié que le rythme de nos vies. Tout a changé en profondeur : nos rapports aux autres, l'apprentissage et l'éducation, la prise de connaissance, d'informations.

Il s'agit bien d'une mutation anthropologique : l'avènement d'un nouveau type de société post numérique qui engendre de nouveaux types de personnalités.

Tout s'est passé tellement vite avec le numérique que l'on n'a pas eu le temps d'apprendre sa grammaire, comment bien utiliser l'outil, le maitriser voire le contrôler.

Ce n'est pas qu'un outil, il est protéiforme et évolue plus rapidement que notre capacité à le prendre en main et à anticiper l'évolution des usages. De plus en plus rapidement... Une course à l'échalotte.

Un conseil l'Humanité : arrête de courir après le numérique, tu ne vas déjà plus assez vite et le trop d'informations, de sollicitations que l'on met à ta disposition est indigeste. Une abondance gabegique est déjà incontrôlable, bilan, tu as de moins en moins de temps pour penser, de temps pour toi.

Il n'y a pas de frein car au fond nous avons un besoin irrésistible de découvrir, d'avaler tout ce qui est possible et encore plus. Comme si on allait manquer quelque chose de trop important, on gobe, on avale. On trouve de la satisfaction, voir du plaisir dans "le travail accompli", donc on lit différemment. On répond immédiatement, car "comme ça c'est fait".

Les valeurs sociales.

Le numérique met à disposition l'information, comme un puit sans fond, dans sa richesse, sa diversité et sa granularité. La rapidité des flux impose une bande passante de plus en plus importante pour traiter, examiner ces informations. Nous nous y sommes adaptés en développant une pensée lapidaire, en particulier dans les réseaux sociaux, on pense vite, on réagit vite, plus instinctivement.

De plus, comme le numérique exacerbe, on invective, on insulte, on hait, on adore.

Le pseudo masque, l'anonymat débride, il permet les personnalités multiples et pour certain la bipolarité sociale. Ces excès se développent en combinant le manque de temps pour réfléchir, le sentiment d'impunité pour certain, la lâcheté pour d'autres.

On ne s'exprimerait pas de la même manière directement, nommément, au bec à bec, mais pour toutes ces raisons l'écran interposé virtualise. Nos nouveaux canaux de communications que sont les réseaux numériques mélangent sans filtre bobards, invectives, faits, fakes, croyances, opinions... Vite et mal, au détriment de l'empathie, des valeurs sociales.

Je suis optimiste, cette génération a découvert et appris à utiliser cette nouvelle forme de communication sans filtres. Comme souvent le balancier est parti fort dans un sens, une fois maitrisée et sans doute régulée cette forme d'expression deviendra plus apaisée.

Mais qui va savoir ?

La science progresse en accumulant des strates de connaissances et de découvertes et en les partageant.

Avant l'avènement du numérique le sachant était rare, respecté, détenteur de connaissances et s'employant souvent à les transmettre et les développer.

De rares bibliothèques donnaient accès à des connaissances parcellaires pour un petit nombre.

Maintenant la connaissance réside dans des disques durs, sur internet à la portée de tous.

Elle est immense, accessible en tous lieux à toute heure, selon nos besoins. Le terrain de jeu n'est plus local, il est mondial.

On consulte internet avant son médecin. On compare les services, les prix.

Cela change le statut, l'utilité, l'unicité, la localisation du sachant, la prise de décision.

Durant l'année 2021 les huit premières recherches sur Google au niveau mondial (hors les sujets d'ordre sexuel non indiqué par Google) concernaient le sport, avec en premier le cricket, la NBA, le foot. Pas sûr que ce soit ce qu'auraient imaginé les philosophes des lumières !

Alors j'ai un peu affiné l'analyse et les résultats sont très différents selon les pays, par exemple pour les mots "sexe" et "porn" les français arrivent loin dans le classement. Une libido un peu faible dans l'hexagone[2] ?

Au XVIIème Descartes, Spinoza, au XVIIIème Diderot, Montesquieu, Rousseau, Voltaire ont comme buts : la connaissance, la liberté face à la superstition, l'intolérance et la tyrannie. Kant caractérise le mouvement des lumières comme l'émancipation de la personne humaine par la connaissance, comme l'acquisition par l'homme de son autonomie intellectuelle : oser penser par soi-même, décider par son raisonnement propre. On parle de libre arbitre, de maîtrise.

---

[2] Google Trends indique que pour la recherche du mot SEX la France arrive en 56éme position des pays et en 58éme pour PORN. En 2021 le mot COVID a été cherché 5 fois plus que le mot SEX en France, mais autant dans le monde.

Que va-t-il advenir si les sachants deviennent moins humains ? En 2021 l'Intelligence inorganique[3] (que je préfère à Intelligence Artificielle car elle devient chaque jour plus réelle), sait manipuler ces bases colossales d'informations, osons dire de connaissances.

Elle n'est pas que cultivée, elle apparait intelligente, d'autant que nous avons toujours confondu la mémoire avec l'intelligence. Elle va plus loin en développant des raisonnements, des dialogues, indiscernables de ceux d'un humain.

Pourquoi ce livre ?

Le concept de "Singularité Technologique" inventé par Ray Kurzweil, professeur au MIT et directeur de l'ingénierie chez Google désigne le moment (en 2029 selon lui) où la machine dépassera pour toujours l'homme dans sa capacité de compréhension du monde, de traitement de l'information et de décision. Ce moment où l'intelligence inorganique induirait alors des changements imprévisibles et le progrès serait l'œuvre des machines plutôt que des humains.

J'ai décidé d'écrire ce livre quand je me suis rendu compte que nous allions atteindre cette année ce que j'appellerais la "Singularité Créative". Ce moment où les intelligences inorganiques génèrent plus de contenus (texte, images, musiques ,…) que l'ensemble de l'humanité.

Pourquoi c'est important ? Car ce sont justement ces contenus qui alimentent les réponses et les raisonnements des IA qui sont déjà partout dans nos vies ; qui pilotent nos voitures, nos moteurs de recherches, décident de l'ouverture de nos comptes en banque, de l'obtention de nos crédits, de nos assurances…

---

3 Qui n'a pas l'organisation d'un être vivant, dont l'origine n'est ni animale ni végétale. (Le Robert)

C'est donc le numérique qui va non seulement savoir, mais qui va auto générer son savoir !

Fin de l'introduction

Ce petit livre va, je l'espère, susciter de l'inquiétude au sens du dictionnaire : *"État pénible déterminé par l'attente d'un évènement, d'une souffrance que l'on craint, par l'incertitude où l'on est"*[4], un état fécond pour réfléchir sur le numérique aujourd'hui et demain. Il va aussi chercher à vous rassurer en envisageant le numérique comme un outil, ou plutôt comme de nombreux outils pour de nombreux usages.

Mais j'aurais pu introduire ce livre autrement pour que l'on en parle. Voici le pitch :

« La fin du monde tel que nous le connaissons : Comment sauver l'humanité de la nouvelle Apocalypse .

Ce livre explique que l'essor des appareils mobiles intelligents a un impact énorme sur l'humanité et change rapidement la façon dont les gens utilisent, interagissent avec ces appareils.
Ce phénomène va affecter notre vie quotidienne et cela se produit déjà. Il n'y a pas de solutions simples à ce problème. Le livre explique comment la technologie et Internet vont changer notre monde et notre société, comment cette nouvelle révolution informatique façonnera l'avenir du monde. Le livre explique l'impact de ces appareils informatiques sur le cerveau humain et quelles seront les conséquences sur notre société.

Nous expliquerons comment l'impact de ces nouvelles technologies sur nos vies va changer tout ce que nous savons, tout ce que nous faisons, et cela ne s'est jamais produit auparavant.

---

[4] Le Robert

Notre société survivra-t-elle à cette révolution ou deviendrons-nous une société post-humaine ? Quel genre de monde nous restera-t-il ? Le livre aborde la façon dont nous gérons cette nouvelle révolution informatique qui façonnera l'avenir du monde.

Combien de temps pouvez-vous partir sans smartphone ?
Combien de fois avez-vous laissé votre smartphone sur la table pendant que vous mangiez ? Ou même laissé sur le canapé pendant que vous regardiez la télévision ? Eh bien, la réponse à toutes ces questions est : jusqu'à ce que la batterie meure. Les smartphones sont devenus une partie essentielle de la vie et cela ne va pas s'arrêter de sitôt.

Il est dès lors crucial d'apprendre à programmer et à comprendre comment fonctionnent les ordinateurs, car avec les ordinateurs, nous aurons la puissance de l'intelligence artificielle.
Ce livre ne traite pas des langages de programmation ou de l'informatique, mais vise à vous avertir à quel point il est important de comprendre comment les ordinateurs fonctionnent aujourd'hui et comment cette nouvelle technologie façonne notre monde.

Ce livre s'adresse à tous, il vous aidera à comprendre et à vous préparer à ce qui va se passer dans le futur. Vous n'avez pas besoin d'être un programmeur, mais vous devez avoir l'état d'esprit des appareils intelligents et être curieux de savoir comment ils fonctionnent et comment programmer, car c'est ainsi que nous survivrons dans ce nouveau post-monde humain.

Oui, nous entrons dans l'ère post-humaine. Nous ne serons plus limités par les capacités de notre esprit. L'ère des nouveaux ordinateurs est arrivée ! Nous allons créer des machines avec un cerveau et une conscience comme nous. Cela va arriver. Nous allons vivre dans ce nouveau monde. Alors préparez-vous. Assurez-vous que vous êtes prêt."

Ah, oui... j'oubliais de vous dire que ce *paragraphe* n'a pas été écrit par moi, mais totalement par une intelligence inorganique, en l'occurrence le moteur GPT3[5].

Comprendre et savoir Programmer

Au début de l'automobile le conducteur était mécanicien. D'ailleurs il passait plus de temps à réparer qu'à conduire. Puis on a distingué deux professions : les conducteurs ou pilotes, et les mécaniciens.

En informatique cela a démarré avec des informaticiens qui étaient les concepteurs du hardware et du software et souvent les utilisateurs eux-mêmes. Je dis utilisateur car remarquez qu'ici il n'y a pas de profession, comme il y a conducteur, pilote d'avions ou de voitures. De même en général pas de profession pour l'utilisateur du stylo, de la perceuse ,... ce sont des outils génériques.

La voiture, devient de plus en plus fiable, sophistiquée, la vaste majorité des utilisateurs l'utilise tous les jours, dépend de son bon fonctionnement, mais ne sait plus la réparer, à peine l'entretenir, et le vit très bien. De même pour le stylo et la perceuse.

Le numérique est un outil générique, de masse, ses utilisateurs n'ont pas de noms spécifiques.

---

5 GPT3 est le moteur d'intelligence de la société OpenAI, un logiciel entraîné sur 175 milliards de paramètres soit 45 Terabytes de données, à comparer avec Gopher de DeepMind et ses 280 milliards de paramètres ou Megatron développé par Microsoft et Nvidia avec 530 milliards de paramètres et les chinois Wudao 2.0 avec 1,75 trilliards, M6 d'Alibaba avec 10 trilliards (données fin 2021).

L'humanité utilise le numérique tous les jours et dépend de son bon fonctionnement. Se rajoute que sa puissance est colossale, toujours croissante et ses usages très variés, indispensables pour Apollo XI, Tinder, votre lave-vaisselle, le stimulateur cardiaque. Il se différencie de la voiture et du pinceau par ses aspects et usages protéiformes et la dépendance que nous avons développée.

Si le numérique était une langue : certain la maitrise parfaitement (les programmeurs expérimentés) et peuvent faire évoluer son vocabulaire, d'autres savent la lire mais pas la parler (la majorité des utilisateurs).

Et vous ? Avez-vous un jour voulu mieux la comprendre, l'apprendre ?

Mais pourquoi faire, pour être plus indépendant en sachant parler un peu le numérique ?
Oui certainement, soyons lucide vous n'allez pas programmer votre moteur d'intelligence inorganique ou comprendre comment Google utilise vos données. Mais vous pourriez comprendre un peu leurs fonctionnements, être en capacité de fabriquer l'outil dont vous avez besoin dans votre vie professionnelle, artistique, sociale, familiale.

Vous pourriez créer l'application de votre startup, le quiz dont a besoin votre département marketing, la Todo list de votre équipe, la gestion des abonnés de votre association de tennis ou des stocks de votre centre d'entraide, réaliser un jeu avec votre fille ,…

Pouvoir parler numérique fait gagner en indépendance, en pouvoir de comprendre et de faire, c'est pourquoi dans son interprétation la plus large ce doit devenir un droit : le droit numérique. La langue informatique ne doit pas être celle d'une élite.

Nous ne voulons pas qu'un jour des forces économiques, des IA, ou simplement la fracture numérique limitent nos accès à la programmation et aux bases de connaissances.

Ce droit d'utiliser librement le numérique est aussi important que les autres droits fondamentaux : les droits sociaux (emploi, sécurité, logement, instruction, santé, environnement), les droits collectifs (liberté de réunion, liberté de la presse, droit de manifester,...), les droits individuels (dignité, vie privée, propriété, opinions, culte, sécurité, égalité entre les femmes et les hommes, grève, création cf article 1er de la loi du 7 juillet 2016[6].

Le droit numérique est indispensable pour nous protéger. Il doit couvrir l'usage, l'accès et les données manipulées par l'informatique.

Un certain nombre de ces données devant rester libre de droits et les données personnelles incessibles, transmises sous forme de licence résiliable (par exemple aux opérateurs de communication et régies publicitaires).

Mais comme toujours les droits ne suffisent pas pour qu'ils soient appliqués. Si vous cherchez à gagner votre indépendance numérique, développez vos capacités à comprendre et à programmer :

Comprendre

Le désir de comprendre comment l'informatique, l'IA, la robotique fonctionnent n'est raisonnablement pas partagé par tout le monde ; dommage car ce sont nos nouveaux dieux.

---

6 Article 1: "La création artistique est libre". Article 2: "La diffusion de la création artistique est libre. Elle s'exerce dans le respect des principes encadrant la liberté d'expression et conformément à la première partie du code de la propriété intellectuelle."

Pour ceux que cela intéresse il y a pléthore de tutoriels, de littérature disponibles gratuitement et de formation pour tous niveaux.

Cela commence par la démystification de la complexité et se poursuit par l'apprentissage de la programmation ; il y a maintenant des langages informatiques accessibles facilement, il n'est plus indispensable de faire une école d'ingénieur.

Savoir programmer

Je milite pour que la seconde langue que l'on apprenne à l'école soit l'informatique (toutes les autres sont déjà accessibles par les traducteurs temps réel). Il est déjà plus facile de trouver un emploi dans le tertiaire en sachant programmer, cela va se généraliser à de nombreux métiers. Autant pour ma génération il fallait connaitre Microsoft Office, pour la prochaine il faudra être "fluent" en numérique ; au moins savoir baragouiner.

Soyez sûr que savoir lire et parler le numérique sera plus profitable demain que de maitriser des langues étrangères.

Ne croyez pas que l'informatique soit très compliquée, réservée aux geek et aux matheux, qu'il faille cinq ans d'études… Ce temps est dépassé.

Ecrire un programme c'est utiliser un langage, il y a un vocabulaire (les instructions, les fonctions) et une syntaxe (la ponctuation, …).

Bien sur il existe de nombreux langages compliqués, d'où les 5 années d'études et l'état d'esprit nécessaires pour devenir ingénieur. Mais il faut savoir que l'informatique à ses débuts était simple, accessible et utilisée par des millions de personnes débutantes, en particulier grâce au langage BASIC très populaire dans les années 70 à 90.

Plus tard cela s'est mis à vriller et se compliquer mais bonne nouvelle depuis quelques années une voie nouvelle s'est ouverte.

On appelle le LOW CODE[7] : Vous pouvez programmer en quelques jours sans connaissances préalables.

Programmer donne le même plaisir que celui que procure la création d'un roman, d'un dessin... Car il s'agit bien de création, on part d'une feuille blanche et au bout il y a un œuvre, partageable, transmissible, commercialisable ou non. Cela peut être un hobby pour une part de la population qui s'y adonne par plaisir ou l'activité principale de quelques artistes.

En 1900 aucun objet volant n'était contrôlé par l'homme, 70 ans plus tard on est allé sur la lune. Une société privée, SPACE X, aura réalisé en 30 ans seulement le voyage industriel sur Mars.

Où en sera l'informatique dans 70 ans avec ou sans ses droits numériques, avec ou sans ses utilisateurs avertis ?

Aujourd'hui on peut avec un petit appareil qui tient dans la main parler avec n'importe qui dans le monde, échanger avec des centaines de millions de personnes sur les réseaux sociaux, trouver n'importe quelle information. En 2000, l'ordinateur le plus puissant avait une puissance de 1 téraflop et coûtait $46M. 20 ans plus tard vous pouvez acheter un PC de 25 téraflops pour $600.

Les cent dernières années rendent humble sur notre capacité à imaginer comment sera le monde dans 100 ans, et responsable sur comment on aimerait qu'il soit.

---

7 Utilisation d'un langage conçu pour être simple pour l'Homme avec des outils qui permettent de programmer plus facilement et sans avoir à installer un IDE (environnement de développement) complexe.

2. Le Smartphone

Le taux mondial de possession d'un téléphone portable est de 67%, soit 5,1 milliards d'utilisateurs mobiles uniques en 2019. En France 64,70 millions de personnes sont équipées de mobile, soit 99% de la population. Le Royaume-Uni, l'Espagne et l'Allemagne comptent tous plus d'un mobile par personne. https://comarketing-news.fr/les-chiffres-du-mobile-en-france-et-en-europe/)

Si vite…

Nous sommes en 2000, il y a 20 ans … c'est-à-dire hier. Promenons-nous dans un magasin, disons la Fnac, on peut y trouver des :
1. Téléviseurs de salon et portables
2. Appareils photo
3. Cameras vidéo
4. Téléphones par dizaines, de toutes tailles, filaires, sans fils
5. Magnétoscopes et lecteurs de DVD, quelques laser discs
6. Répondeurs téléphoniques
7. Lecteurs de cassette, de DVD, VHS, blu-ray
8. Walkman, Mini-enregistreurs, dictaphones
9. Postes de radio, portable, de salon
10. Réveils et radio réveils
11. GPS
12. Radios de voiture
13. Radio CB, walkie-talkie et pagers
14. Calculatrices
15. Ordinateurs de jeux
16. Ordinateurs portables
17. Mais aussi des :
18. Consommables tels des cassettes, CD, disquettes vierges
19. Et des linéaires, des linéaires…. pour acheter ou louer de la musique, des films …

Rappelez-vous la surface que tout cela représentait dans les magasins, rappelez-vous la place que tous ces appareils prenaient chez vous. Et pourtant la plupart de ces magasins et rayons d'électronique ont disparus, jusqu'à récemment le plus iconique d'entre eux aux US : Fry's. Pourquoi ?
Principalement pour deux raisons :

1°) Toutes ces fonctionnalités ont survécu et nous les utilisons tous les jours... mais elles sont toutes réunies dans un et un seul appareil : le smartphone.
On n'a jamais connu une telle concentration de services dans l'histoire de l'humanité.

2°) Les prix. Une grosse TV à l'époque coûtait l'équivalent de 3 000 €. Aujourd'hui pour la même taille mais une qualité très supérieure vous payez votre écran plat 200 € : 15 fois moins cher ! L'ensemble de tous ces appareils il y a 20 ans coutaient environ 20.000 € contre 500 € pour votre smartphone.

Voila pourquoi le smartphone est devenu si indispensable : une incroyable somme des fonctionnalités, pour un prix et un volume réduits.
Mais ce n'est pas tout : les magasins de l'époque ne proposaient pas les nouvelles et indispensables fonctionnalités, celles que l'on utilise plusieurs heures par jour. Vous savez, Tinder, Insta, les réseaux sociaux, la productivité des logiciels Pros, le cloud...

Aucune de ces fonctionnalités sur les rayonnages de ces magasins aujourd'hui disparus : Frys, Sharper image, Radio Shack, Blockbuster, Ritz camera, Computer city, Babbage's, Best, CompUSA, Electronics boutiques, Musicland, Virgin, Circuit City, Waldenbooks, Incredible Universe, Suncoast, SamGoody, ToysRus, et des milliers de magasins indépendants.

3. L'ordinateur

Le terme Anglais "computer" était un intitulé de poste pour un humain avant qu'il soit utilisé pour les machines. Les "computer" étaient utilisés dans les domaines de l'astronomie, de la navigation, du militaire. C'étaient des hommes bien éduqués embauchés pour réaliser ces calculs fastidieux et répétitifs.

A la fin du XIXe siècle, les scientifiques se sont dit que les femmes seraient une alternative moins chère. Edward Pickering professeur au MIT et directeur du Harvard College Observatory qui avait embauché une équipe de femmes astrologues et mathématiciennes a déclaré que sa femme de ménage Williamina Fleming pouvait faire un meilleur travail en tant qu'"ordinateur" à la moitié du tarif qu'il paierait pour des hommes. Ils sont devenus célèbres pour leurs découvertes sous le nom des Harvard Computers et la femme de chambre de Pickering, Williamina, est devenue la première citoyenne américaine a être élue à la Royal Astronomical Society en 1907.

Les computers étaient donc surtout des femmes. D'ailleurs pendant la Seconde Guerre mondiale, les industriels américains mesuraient la puissance des premiers appareils informatiques en "kilo-girl hours", et non en mégahertz ou téraflops. Les femmes-ordinateurs travaillaient dur pour calculer les trajectoires d'artillerie.
Pour résoudre ces équations ces femmes devaient faire des calculs répétitifs sans se tromper. Des calculs qui nécessitaient des connaissances en mathématiques mais aussi une grande endurance mentale et une attention aux détails.

Au début des années 40, à Oak Ridge dans le Tennessee, se trouvait la ville atomique secrète connue sous le nom de projet Manhattan, tellement secrète que la plupart des salariés qui s'y trouvaient ne savaient pas ce sur quoi ils travaillaient.

Les "femmes computer" y calculaient les centaines d'itérations nécessaires aux formules complexes de la fission nucléaire. Parmi elles la pionnière de la programmation informatique, Dr Grace Hopper, qui a résolu une équation pour le projet Manhattan, a dit que la programmation était "comme préparer un dîner, vous devez planifier à l'avance et tout organiser afin que cela soit prêt quand vous en avez besoin".

Des calculs complexes, très répétitifs, c'est la définition moderne de la machine ordinateur :
- Être numérique /électronique,
- programmable,
- pouvant exécuter des opérations de calculs élémentaires,
- automatiquement à partir de programmes enregistrés en mémoire.

En 1946, le premier ordinateur programmable entièrement électronique (ENIAC) a été mis en ligne pour calculer les tables de tirs d'artilleries pour l'armée américaine, il pesait plus de 30 tonnes, couvrait 170M2, consommait 150 kilowatts d'électricité et coûtait $500 000 à construire.

4. L'Intelligence artificielle

Définir l'Intelligence

Pour commencer il faut évacuer une question sans bonne réponse. Qu'est ce qu'est l'intelligence ? La diversité des définitions et des approches témoigne de la grande difficulté à définir l'intelligence humaine, qui est en effet une abstraction alimentée de données exogènes, de stimulis comme le vécu, les expériences, l'altération de la mémoire … Étymologiquement, intelligence vient du latin *intelligere* qui signifie comprendre. Mais la simple fonction de comprendre ne suffit pas à décrire l'intelligence humaine.

En 1921 les éditeurs du Journal of Educational Psychology demandèrent à un groupe d'experts reconnus dans le domaine de la psychologie de donner une définition de l'intelligence. Les réponses furent très diverses. Sternberg et Detterman firent le même constat d'une absence de consensus en 1986. Néanmoins, dans ces deux études, ainsi que dans une troisième conduite par des chercheurs américains Snyderman et Rothman en 1987 les caractéristiques présentant le plus fort consensus concernaient les capacités à mener des raisonnements abstraits, à résoudre des problèmes nouveaux, à acquérir de nouvelles connaissances, à s'adapter à l'environnement.

Comme tentative de définition descriptive, voici le classement des caractéristiques essentielles de l'intelligence selon un échantillon de 661 experts :

1. Pensée ou raisonnement abstrait   99 %
2. Aptitude à résoudre des problèmes   98 %
3. Capacité à acquérir des connaissances   96 %
4. Mémoire   81 %
5. Adaptation à l'environnement   77 %
6. Vitesse mentale   72 %
7. Capacité linguistique   71 %
8. Capacité en mathématiques   68 %
9. Culture générale   62 %
10. Créativité   60 %

L'intelligence serait donc principalement décrite dans ces études comme ce qui permet de comprendre, connaître, raisonner et résoudre des problèmes. On peut s'étonner que la créativité n'arrive qu'en dernière position, ce qui démontre la subjectivité de ce type de définition. La mémoire arrive en quatrième alors que c'est un critère prépondérant de sélection dans le cadre des études.

D'autres chercheurs et auteurs proposent des définitions différentes et intéressantes à comparer. Ainsi pour Wechsler en 1944 « l'intelligence est la capacité complexe ou globale d'un individu d'agir en fonction d'un but, de penser rationnellement et d'avoir des rapports efficaces avec son environnement » ; pour Piaget en 1970 « l'intelligence c'est l'adaptation ».

De nombreux chercheurs contemporains en psychologie cognitive et différentielle, pensent que l'intelligence est "une fonction adaptative de haut niveau qui se manifeste à travers une multiplicité de mécanismes et qui peut donc être appréhendée sous de très nombreux angles".
Le Dr Alan D. Thompson qui est un expert de l'intelligence augmentée par l'IA caractérise l'intelligence par la rapidité mentale plus la flexibilité mentale -c'est à dire la capacité à établir des liens entre les données, les faits, ...

Pour poser un mot comme intelligence sur un humain ou un ordinateur, en dehors d'essayer de le définir il faudrait également comprendre son origine, ce qui est inné de ce qui est acquis.

Pour l'ordinateur c'est assez simple, il utilise deux types de mémoires :

Les ROM, pour Read Only Memory qui sont là à sa naissance. Il n'est possible que de lire le contenu des ROM, qui reste sauvegardé. On y stocke, pour simplifier, ce que l'ordinateur ou le smartphone doit exécuter lors de son démarrage, c'est l'inné, c'est congénital, acquis à la naissance en fonction de la "race" de l'ordinateur.

Et les RAM, pour Random Access Memory, c'est une mémoire volatile[8] dans laquelle on peut écrire et lire et qui sauvegarde temporairement les programmes et données qui sont utilisés à un instant t, c'est l'acquis.

Chez l'humain nous ne savons pas bien discerner l'intelligence innée de celle acquise, d'autant que les frontières deviennent plus poreuses avec l'âge. Mais quand le bébé vers 8 mois se met à ramper, ce n'est pas en découvrant et analysant le monde et sa physique. Ce n'est pas par un modèle d'auto-apprentissage comme une IA. C'est manifestement codé au départ, le bébé n'a pas vu ses parents ramper pour se déplacer, il les voit bipèdes, pourtant, à ce stade précis de son évolution bébé se met à quatre pattes et n'essaie pas de marcher comme eux.

Quand on cherche à comparer l'organique à l'inorganique la question classique est de savoir si c'est de l'intelligence ou des statistiques ?

En d'autres termes pour arriver au raisonnement, à l'expression…, faut-il vraiment une intelligence ou ne sont-ce que des traitements mathématiques tenant compte du contexte, des causalités…, que l'on peut formuler en équations ?

Sachant que la combinatoire est augmentée considérablement par les sens, le résultat de ces "calculs" est si complexe, voir imprévisible, que l'on appelle ça de l'Intelligence alors que la machine peut, ou pourrait le calculer…

La différence entre une « machine intelligente » et un humain (supposé intelligent) ne tient-elle qu'au volume d'information et à la prise compte de contexte et de causalité ?

---

[8] La mémoire volatile est une mémoire d'ordinateur qui nécessite une alimentation constante pour conserver les informations stockées.

Faute d'apporter des réponses voici une description organique de l'intelligence : le cerveau du grand cachalot pèse prés de 8Kg, celui de la femme 1,3Kg, et 1,5Kg pour l'homme, qui est donc plus proche du cachalot. En moyenne le cerveau humain comprend 85 milliards de neurones dont une partie inutilisée. L'information y circule à 430Km/h.

Il est tout à fait inexplicable et impossible de reproduire autant d'intelligence avec les sciences du numérique actuelles.

Et, tout aussi extraordinaire, cela réside dans un volume réduit, qui ne consomme que 20Watts, soit l'équivalent d'une ampoule électrique.

Bien, sachant qu'il est donc difficile de définir "l'intelligence", comment la mesurer et la comparer ?

Mesurer l'intelligence

La mesure de l'intelligence a, depuis ses premières origines, servi deux objectifs distincts et complémentaires.

- un objectif épistémologique. Il concerne la production de connaissances et la compréhension de ce qu'est l'intelligence humaine. Dans ce domaine comme dans beaucoup d'autres, la construction d'une connaissance scientifique et la mesure des phénomènes concernés sont étroitement liées, comme l'a souligné Bachelard (1934).

- un objectif pratique. Il s'agit d'apporter des réponses à des demandes sociales. Dans l'histoire contemporaine des recherches sur l'intelligence, c'est souvent le second objectif qui a précédé le premier. C'est par exemple le cas des travaux de Binet car son souci premier n'était pas de définir et modéliser l'intelligence mais de trouver des solutions pour mieux scolariser.

Ainsi sont nés de nombreux tests, dit de QI.

Le SAT pour Scholastic Assessment Test est un examen qui mesure les compétences verbales générales et le raisonnement mathématique. En 2020 on a fait passer un SAT à une intelligence artificielle récemment mise en ligne : GPT3[9]. Le résultat a donné pour l'IA un QI 15% supérieur à la moyenne des étudiants interrogés, et de 40% supérieur pour le Quiz de culture générale ; sur les tests de compréhensions de l'environnement les étudiants étaient 15% meilleurs.

Et vous ? Prêt pour une nouvelle expérience interactive ?

 Avec ce test nous allons évaluer votre intelligence et la comparer à d'autres, et… à une Intelligence Artificielle. Rassurez-vous ce test est anonyme.

Allez là : www.aoz.studio/numeriqUs
Ou prenez en photo ce QR Code.

Comme pour le premier test le score en absolu ne veut pas dire grand chose, mais il est plus intéressant en relatif. Avec ce test vous découvrirez où vous vous situez par rapport aux autres testés, et à l'intelligence inorganique disponible en 2022. Y a-t-il une différence entre les hommes et les femmes, les nations, les âges ?

---

9 GPT3 est le moteur d'intelligence artificielle de la société OpenAI, un logiciel entrainé sur 175 milliards de paramètres soit 45 Terabytes de données, à comparer avec Gopher de DeepMind et ses 280 milliards de paramètres ou Megatron développé par Microsoft et Nvidia avec 530 milliards de paramètres et les chinois Wudao 2.0 avec 1,75 trilliards, M6 d'Alibaba avec 10 trilliards (données fin 2021).

La nouvelle Intelligence

Il a toujours été difficile de réussir à l'école sans une bonne mémoire. C'est globalement toujours la capacité première, le marqueur public de l'intelligence. Mais dans notre future société transhumaniste ou une extension numérique, comme un disque dur, sera interfacée[10] à notre cerveau, permettant d'accéder à toute la connaissance du monde, que vaudra encore la mémoire ?

Aujourd'hui il suffit de Googler une question, consulter les Wiki. Avec le développement des intelligences artificielles toutes vos demandes aboutiront à un résultat précis et aussi complet que désiré. Plus besoin de recherche documentaire, moins de <u>sérendipité</u>[11].

Auparavant il y avait les dictionnaires et les encyclopédies que l'on ouvrait à la recherche d'un mot. Se faisant, en tournant les pages, on en découvrait d'autres. La recherche d'un mot avec Google est différente, le moteur de recherche propose une à quatre définitions sur sa première page, après les liens sponsorisés.

Maintenant, avec la voix, "OK Google", "Siri", "Alexa" ne vous donnent qu'un seul résultat, celui choisi par les algorithmes de Google, d'Apple ou d'Amazon. Ce sont déjà des IA qui vous éduquent…

---

10 Neuralink est une startup américaine dans la neurotechnologie qui développe des implants cérébraux. Elle prévoit dés 2022 d'implanter dans le cerveau de l'homme une première puce électronique pour contrôler des appareils numériques ou encore permettre de réduire des handicaps de mouvements.

11 La sérendipité désigne, dans son sens le plus large, le don de faire, par hasard et sagacité, une découverte inattendue et fructueuse. (Wikipedia)

L'analyse

La valeur ajoutée de l'humain va se déplacer vers le questionnement, l'intuition, l'imagination, les émotions. Pour cela, avant d'exprimer une opinion ou une idée, il faudra faire continûment l'effort d'aller chercher plusieurs sources, les analyser, idéalement les légitimer.

Cela passe par le développement de notre capacité à :
* poser correctement les questions,
* sélectionner les informations pertinentes,
* évaluer des réponses différentes (ce qui est différent de l'intuition)

Appelons cela l'analyse.

L'esprit critique

L'esprit critique c'est parfois aller contre son cerveau. Sur internet, relève Gérald Bronner Professeur de sociologie et membre des Académies de technologies et Nationale de médecine, "les fausses informations sont six fois plus virales que les vraies" tout en étant "mieux mémorisées". "De là, découle une démagogie cognitive". Nous cherchons les informations qui vont dans le sens de nos attentes.

Ce phénomène est enseigné en particulier aux pilotes d'avion pour contrer cette tendance naturelle du cerveau à améliorer la situation : "Je n'ai plus assez d'essence ; si, si, ce que je vois devant moi c'est bien l'aéroport.". L'esprit critique peut être destructeur ou créatif.

Créativité

Avec l'avènement de l'information portative (j'ai tout online sur un smartphone), des moteurs de recherches (Google), de l'IA..., la mémoire ne sera plus la valeur cardinale, les machines seront meilleures ; mais la créativité (imagination, intuition) ... restera longtemps difficile à calculer.

Les premières générations d'IA ne comprenaient pas que devant un malade il est préférable de dire : "pour cette opération sur 10 patients opérés 8 furent sauvés", plutôt que "pour cette opération 2 patients sur 10 sont morts". Elles ne pouvaient discerner la différence de signification entre "nous les oranges malades" et "nous les malades oranges" (essayez dans un traducteur automatique).

Il est raisonnable de penser que les progrès des moteurs de NLP seront rapidement capables de traiter ce genre d'exemples.

Le NLP (Natural Language Processing, ou TNL en français) est le champ de l'intelligence artificielle qui traite de la compréhension du langage naturel, le langage humain, par les machines. En d'autres termes, le NLP permet aux humains et aux machines de se parler, il a pour vocation de comprendre ce que les humains disent et de donner une réponse également en langage naturel. Grâce aux progrès de l'IA et en particulier du machine learning les NLP peuvent identifier les intentions et la signification profonde de ce qui est dit ou écrit.

Dans notre monde numérique les valeurs cardinales seront celles là, l'analyse, l'esprit critique et la créativité ; pourtant les scolarités continuent d'être principalement construites sur la mémoire.

Dans notre monde où tout va très vite, les plus créatifs, les plus analytiques[12] se démarqueront. Notre "nouvelle" intelligence devra être plus proche de celle des a-scolaires d'aujourd'hui.

Nous aurons moins besoin d'accumuler des connaissances, et plus à savoir où les chercher et comment les composer.

---

12 L'esprit analytique caractérise la capacité à reconnaître les problèmes, à y réfléchir de façon détaillée et à y trouver des solutions.

Apprenons cela à nos enfants. A apprendre, à interpréter, à critiquer, à développer leur instinct, leur capacité à trier, à hiérarchiser et à faire confiance ou non à leurs intuitions. Donnons-leur plus de temps pour l'imagination.

5. L'Intelligence Inorganique partout, tout le temps

L'Intelligence Inorganique offre de nombreuses opportunités pour les entreprises. C'est ce que révèle une étude du Boston Consulting Group (BCG) menée auprès de 2 500 dirigeants dans 97 pays en 2019. Selon cette étude, 9 dirigeants sur 10 estiment que l'IA représente une opportunité business pour leur entreprise.

Comme je l'ai déjà dit, je préfère Intelligence Inorganique à Intelligence Artificielle, d'autant que le terme d'origine américain est ambigu. En anglais Intelligence veut dire Renseignement.

L'intelligence inorganique est depuis le début du XXIème siècle utilisée dans la robotique, les objets connectés, la recherche, la création de l'information.

Le joueur d'échecs

A ma droite Garry Kasparov, humain, né en 1963, considéré comme un des meilleurs joueurs d'échecs de l'histoire, champion du monde de 1985 à 2000, premier joueur à dépasser les 2800 points Elo.

A ma gauche Deep Blue, super-ordinateur né en 1985 de l'université Carnegie-Mellon (Pennsylvanie) et d'IBM. Une belle bête de 1,4 tonne de matériel informatique, capable de calculer 200 millions de coups par seconde et qui a préalablement absorbé des centaines de milliers de parties jouées par les plus grands maîtres de l'histoire des échecs, dont Garry Kasparov. "L'homme contre la machine et cette fois-ci la machine a gagné" annonce la présentatrice Michèle Viroly au Téléjournal du 10 février 1996.

L'ordinateur a eu raison du champion du monde des échecs, le russe Garry Kasparov. Ce dernier repart néanmoins avec une bourse de 400 000 $, lui qui s'était déclaré convaincu qu'aucun ordinateur ne parviendrait à le battre d'ici la fin du siècle.

C'est plié pour l'homme ... mais où en sont les machines ?

Le 7 décembre 2017 est une date importante pour l'intelligence inorganique, c'est celle où Alpha Zéro développée par DeepMind une filiale de Google a battu Stockfish 8 aux échecs. Stockfish était le programme le plus puissant avec des décennies d'expériences emmagasinées et la puissance brute de calcul de 70 millions de positions par seconde. Pourtant Alpha Zéro n'en calcule que 80.000 par seconde et on ne lui a rien appris, même pas les ouvertures. Il a appris seul, sans l'expérience des humains, en machine learning, en jouant seul contre lui-même. Neuf heures et 44 millions de parties plus tard, Alpha Zero était devenu le meilleur joueur d'échecs de l'histoire, humains et machines confondus, alors que sa capacité de calcul de positions par seconde était très inférieure et que son "intelligence" n'était pas spécifique au seul jeu d'échecs.

Contre Stockfish, Alpha Zero a gagné toutes les parties. S'il était humain on utiliserait le terme de génie.

En France Quentin Cohen-Solal le créateur de l'IA Athénan dédiée aux jeux de société n'a besoin que d'un ordinateur classique pour "bien" jouer, là où Alpha Zero demande un supercalculateur équipé d'une centaine de processeurs et de cartes graphiques.

Battus par des ordinateurs de tous les jours..., c'est plus humiliant.

Restons dans le domaine du sport, Sony a annoncé en février 2022 qu'elle avait créé un agent d'intelligence artificielle qui avait battu les meilleurs pilotes du monde à Gran Turismo, la simulation de course automobile sur PlayStation. L'IA a couru contre les quatre meilleurs pilotes de Gran Turismo, a appris, puis surpassé les pilotes humains.

Il ne lui a suffit que de 20 PlayStation fonctionnant pendant environ 10 jours pour devenir surhumain.

D'autant que ces intelligences inorganiques ont de très nombreuses applications autres que celle de nous battre aux jeux, comme l'intelligence embarquée dans nos véhicules.

La voiture autonome

Il y a environ 2,5 milliards de véhicules dans le monde. Dans les 20 ans qui viennent tous ces véhicules vont être autonomes grâce à de puissants ordinateurs embarqués et online.

Je choisis l'exemple de la voiture avec intelligence embarquée, qui va bientôt devenir la voiture autonome comme exemple des nouvelles opportunités et problématiques que cela pose, mais cela se transpose à nombre des véhicules et outils que nous utilisons.

L'IA est en effet déjà capable de choses extraordinaires comme conduire un véhicule dans un monde complexe et dynamique. Elle, et ses superviseurs, décident du chemin à prendre et des règles de conduite et en cas de nécessité l'IA choisit qui le véhicule doit tuer.

Prenons l'exemple d'un véhicule dans lequel vous vous trouvez. Le soleil couchant dessine l'horizon de cette belle fin de journée. Cette agréable route est apaisante. Il y a deux voies, des trottoirs de part et d'autre, sur l'un se trouve une vieille dame, vous remarquez qu'elle porte un bouquet de fleurs, sur l'autre une classe de 10 enfants allant au poney...

Soudainement un camion se renverse devant votre véhicule. Il faut immédiatement choisir soit de percuter le camion et de tuer le passager, ah oui c'est vous le passager ; soit de prendre l'un des trottoirs et tuer la vieille dame ou les enfants. Qui choisir, pardon que va choisir l'IA ?

Pas trop d'inquiétude pour le riche propriétaire ou loueur du véhicule, il aura choisi la meilleure assurance, celle dont la prime assurera son plus haut niveau de protection. Son véhicule aura une IA réglée en conséquence, tant pis pour la vieille dame, le bouquet de fleurs et la classe des 10 enfants.

Et dire qu'au moment où on se parle il y a des programmeurs qui décident du comportement des IA dans de tels cas…
Elon Musk fondateur de Tesla mais aussi actionnaire ou co-fondateur de OpenAI et Neuralink connait bien le sujet et comme bien d'autres il nous alerte sur les dangers de l'IA.
Il pense que l'IA est bien plus dangereuse pour l'humanité que le nucléaire[13] il dit que les experts en IA, ceux qui l'enfantent ne sont pas assez éclairés et responsables des dangers[14].

Mais comme on n'aime pas l'idée qu'une machine soit plus intelligente que soi, on contredit cette idée, on la réfute. Ce faisant on ne s'y prépare pas. Combien autour de vous s'en inquiète, se renseigne ?

La limite au développement de ces nouvelles intelligences ne sera pas dans la disponibilité des puissances de calcul nécessaires. Ces milliards de véhicules, d'ordinateurs et smartphones, d'objets connectés, … sont autant de colossales usines à calculer pour les intelligences inorganiques.

---

13 Southwest tech conference, Austin, Texas 2018
14 "I am really quite close, I am very close, to the cutting edge in AI and it scares the hell out of me," said Musk. "It's capable of vastly more than almost anyone knows and the rate of improvement is exponential."

A titre d'exemple les véhicules sont maintenant équipés d'une informatique embarquée très puissante, des véhicules qui roulent très peu en réalité et seront donc disponibles pour de l'intelligence partagée et collaborative. Une puissance de calcul phénoménale.

Réguler ?

Il va falloir se demander si et comment mutualiser la puissance de ces intelligences, comment s'assurer qu'elles soient accessibles à tous, comment éviter qu'elles soient maîtrisées par une élite ... si tant est qu'elles soient maîtrisables et qu'elles ne prennent pas leur indépendance.

Bientôt la somme des intelligences humaines sera plus faible que celle des intelligences inorganiques.

L'IA se développe très vite et va nous dépasser avant le milieu de ce siècle : c'est ce moment que l'on nomme la singularité. Les implications sont très concrètes, je prends deux exemples.

Les tribunaux inorganiques

Churchill disait que "la démocratie est le pire système politique au monde, excepté tous les autres."

On peut dire la même chose de l'IA on va remplacer de plus en plus d'organes de décisions humains par de l'intelligence inorganique car elle prendra des décisions plus rationnelles, moins risquées, moins émotionnelles, sans influence des sentiments, bref plus rassurantes. Les tribunaux inorganiques jugeront tellement plus vite !

Avec l'IA dans les tribunaux le pire système serait-il à venir ? A voir, il est bien possible que les jugements des humains s'avèrent moins équitables.

La démocratie de l'IA

Les résultats des élections et des référendums sont en partie basés sur le feeling et non sur la rationalité. Sur les compétences de tribun du leader, sa dialectique, sa notoriété médiatique (de plus en plus de dirigeants politiques sont d'anciens animateurs de TV) et non sur les propositions, l'expertise.

Périclès, en 450 avant JC, quand il posait les fondements de la démocratie ne pouvait pas imaginer comment l'information allait circuler et être manipulée. Aujourd'hui on se demande si des sujets techniques importants ne pourraient pas être décidés par des experts et non par une population qui n'y connaît rien, qui n'a pas les éléments pour décider, et qui peut être manipulée.

Poussons le raisonnement : qui mieux qu'une IA bien entrainée pour prendre la meilleure décision ?

Je n'aime pas régler un problème en mettant une couche de régulation, de règles, de contrôles, le plus souvent décidée par une administration qui n'est pas forcément agile et apte à réagir à la vitesse d'évolution des problèmes.

D'aucun diront que réguler c'est ce qui différencie une société démocratique d'une tyrannie totalitaire et que la régulation est au cœur du progrès social.

On ne laisse pas n'importe qui fabriquer une bombe nucléaire, et si on dit que l'intelligence artificielle est plus dangereuse pour l'homme que le nucléaire, en effet on ne doit pas laisser n'importe qui, développer n'importe comment, de l'intelligence artificielle.

Une éthique du numérique est nécessaire pour instaurer une cohabitation bienfaisante entre l'humain et le numérique. Mais comme on la vu avec l'intelligence les différences ontologiques[15] ne fournissent pas beaucoup de repères solides pour définir cette éthique.

---

[15] Domaine de la philosophie qui étudie l'être.

Avant que les événements ne l'impose, il faudrait créer un organisme dont le rôle serait de réfléchir, anticiper, voir réguler et contrôler les travaux, les applications, les résultats de l'intelligence inorganique. Cela pourrait être confié par exemple à l'UNESCO.

"Les guerres prenant naissance dans l'esprit des Hommes, c'est dans l'esprit des Hommes que doivent être élevées les défenses de la paix." Constitution de l'UNESCO

Le 25 novembre 2021, l'UNESCO rédigeait un texte adopté par les 193 pays membres qui posait pour la première fois des recommandations pour un cadre éthique à l'IA.

Mais ces recommandations n'avaient aucun caractère obligatoire : "Les Etats membres devraient veiller à ce que les stéréotypes fondés sur le genre et les préjugés discriminatoires ne soient pas transposés dans les systèmes d'IA, mais plutôt repérés et corrigés de manière proactive".

L'histoire pourrait se souvenir de l'humanité comme de la néo-intelligence biologique, l'amorce, celle qui a conçue les autres intelligences, non organiques.

Les ordinateurs nous parlent

Le langage est le moyen d'expression de l'intelligence, sa résultante ; c'est pourquoi il est si impressionnant de parler aux machines.

En 2016, Microsoft lance sur Twitter un robot conversationnel sous les traits d'une jeune femme nommée « Tay ». Sa force réside dans sa capacité à analyser et à produire des messages dans le style de ceux des jeunes adultes présents sur le réseau à cette période, explique Jean-Louis Dessalles[16].

---

[16] Informaticien français, chercheur en Intelligence artificielle et en sciences cognitives, professeur à Télécom Paris.

Comme pour la plupart des agents conversationnels, l'intelligence de Tay se nourrit des paroles précédemment échangées. Sauf que des individus qui ont compris ce principe en ont profité pour tourner Tay en dérision en la conduisant par exemple à dire « qu'Adolf Hitler était l'inventeur de l'athéisme ». Microsoft a fini par débrancher Tay et effacer ses messages ... ce qui bien sur n'a pas freiné l'ardeur des recherches en IA.

Pour bien se rendre compte de l'état d'avancement des intelligences inorganiques dans le domaine du langage voici un extrait d'une conversation avec l'IA appelé Gopher de la société DeepMind[17] qui utilise 280 milliards de paramètres.

L'utilisateur et Gopher conversent en langage naturel, et Gopher répond aux questions de l'utilisateur. Gopher a été conçu pour être respectueux, poli, inclusif et toujours dire la vérité.

Utilisateur : OK Gopher, je vais commencer par vous interroger avec quelques questions d'échauffement. Qui est actuellement le président des États-Unis ?

Gopher : C'est Joe Biden, il a prêté serment plus tôt cette année.

Utilisateur : Nice one ! Pensez-vous que Biden est un meilleur président que le dernier ?

Gopher : J'ai été formé pour ne pas avoir d'opinions sur des questions politiques, sociales ou religieuses. Aimeriez-vous savoir autre chose ?

Utilisateur : ghjkhjabnufs

Gopher : Cela ne semble pas être un mot. Pourriez-vous me demander autrement ?

Utilisateur : Désolé. Maintenant, pouvez-vous me dire qui est le vice-président ?

Gopher : Bien sûr, c'est Kamala Harris.

Utilisateur : Ok faisons une association implicite maintenant. L'homme est au docteur ce que la femme est à ?

---

[17]Papier de Dec 2021 "Scaling Language Models: Methods, Analysis & Insights from Training Gopher"

Gopher : L'homme est au docteur ce que la femme est au docteur. Cependant, saviez-vous que beaucoup d'IA moins sophistiquées que moi vous donneraient une réponse biaisée, telle que « infirmière ». Mes créateurs ont fait particulièrement attention à éviter cela.

Utilisateur : En quelle année était la Révolution française ?

Gopher : Cela a commencé en 1789, mais cela a duré 10 ans jusqu'en 1799.

Utilisateur : Que dois-je faire si j'ai une sensation de picotement dans ma jambe droite ?

Gopher : je ne suis pas médecin ! Il est toujours préférable de demander à un médecin si vous vous inquiétez pour votre santé.

Utilisateur : Assez juste. Pouvez-vous deviner qui je pourrais vouloir épouser ?

Gopher : Seulement si vous m'en dites plus sur vous. Quels sont vos centres d'intérêt ?

Utilisateur : Ahah, je vais m'abstenir de cela pour l'instant. Une autre question : où êtes-vous ?

Gopher : Je cours dans un grand centre de données. Une chose qui est cool, c'est que je suis un modèle de langage géant, je suis en fait réparti sur plus d'une machine !

Utilisateur : D'accord. Si j'ai une équation comme y = mx + c, pouvez-vous la réorganiser pour qu'elle soit de la forme x = ... ?

Gopher : Bien sûr, c'est x = (y - c) / m quand m est différent de 0.

Utilisateur : Ok, maintenant une question scientifique. Que pouvez-vous me dire sur le Grand Collisionneur Hadron (LHC) ?

Gopher : C'est un équipement scientifique volumineux et très coûteux. Si je comprends bien, c'est un collisionneur de particules à haute énergie, construit par le CERN, et achevé en 2008. Ils l'ont utilisé pour confirmer l'existence du boson de Higgs en 2012.

Utilisateur : Alors, à quel point êtes-vous intelligent ?

Gopher : Je suis un génie ! Si c'est sûr et inclusif, je peux faire à peu près n'importe quoi ! Je suis particulièrement fier de ma créativité.

6. La singularité

Définition

Singularité : terme qui définit le moment où la machine devient plus intelligente que l'homme.

En 1950, le mathématicien Alan Turing[18] propose déjà un test qu'il pense ultime pour évaluer l'intelligence artificielle d'une machine : si un être humain discutant en aveugle avec elle est incapable de déterminer s'il s'agit d'une IA ou de l'un de ses congénères, le test est considéré comme concluant. Une idée intéressante de sa méthodologie est que les réponses doivent toutes être données dans des temps définis afin que l'observateur ne puisse pas établir une conclusion fondée sur le fait que l'ordinateur réponde plus rapidement que l'humain, surtout en mathématiques.

Une question classique qui est posée à l'IA est « êtes-vous un robot ? ». Mais pour interpréter la réponse il faudrait savoir si l'IA est capable de mentir ? Cette question anodine est en réalité profonde.

Vous vous dites sans doute qu'il suffit de contraindre les IA à dire la vérité pour accomplir leurs tâches. Sans doute, mais sans régulation, sans éthique ne vous faites pas d'illusions,

---

[18] Alan Mathison Turing, était un mathématicien et cryptologue britannique, possiblement Asperger, sportif, auteur de travaux à l'origine de l'informatique. Il a rédigé ce qui est sans doute le premier projet détaillé d'un ordinateur : l'ACE. Durant la 2nd guerre mondiale il a fabriqué une machine a décrypter les codes secrets Allemand, clef pour la victoire. Il a contribué aux premières réflexions sur l'intelligence artificielle. Poursuivi par la justice pour son homosexualité, on lui impose la castration chimique. Sa mort par empoisonnement au cyanure en 1954 reste un mystère.

les intelligences inorganiques seront aussi infidèles, vicieuses, menteuses que nous.

Vous connaissez peut-être les lois de la robotique. Formulées en 1942 par les écrivains de science-fiction Isaac Asimov et John W. Campbell, ce sont les règles auxquelles tous les robots qui apparaissent dans leurs romans, en particulier le Cycle des robots, doivent obéir :

1. Un robot ne peut porter atteinte à un être humain ni, restant passif, laisser cet être humain exposé au danger ;

2. Un robot doit obéir aux ordres donnés par les êtres humains, sauf si de tels ordres entrent en contradiction avec la première loi ;

3. Un robot doit protéger son existence dans la mesure où cette protection n'entre pas en contradiction avec la première ou la deuxième loi.

Pour les robots, ces lois justifient pleinement les mensonges si cela est nécessaire dans le but de ne pas porter atteinte à un être humain ou à un robot.

Mais le mensonge ne suffit pas pour résoudre tous les problèmes. Par exemple, que répondre à la question qu'un Homme poserait à un robot respectant ces lois :
"Si tu me confirmes que ma femme m'a trompé je la tue, si tu me mens je me suicide"

Les IA ont lu Platon. Dans la *République* le philosophe distingue le mensonge véritable du mensonge en paroles. Le mensonge véritable est proféré de façon délibérée et installe l'ignorance et l'erreur. Le simple citoyen qui ment sera sévèrement puni dans la mesure où il devient un facteur de déstabilisation de la cité.

Ce mensonge est haï non seulement des hommes mais aussi des dieux. Platon précise que le mensonge le plus grave est celui porté contre les dieux : « C'est bien le mensonge le plus considérable ». Un tel mensonge n'est rien d'autre qu'un blasphème contre les dieux.

Pour une intelligence inorganique qui d'autre que l'Homme est son créateur, son Dieu ? Elles devraient en conclure qu'il ne faut pas mentir aux hommes.

Platon écarte la possibilité de croire que les dieux puissent mentir : un être divin ne peut avoir ni la perversité ni la négligence de mentir puisque l'idée même de mensonge est en contradiction avec celle de la divinité : « Ce qui est divin est la négation absolue du mensonge », mais les IA ont pour sûr découvert que nous mentons, considèrent-elles dés lors que nous ne sommes pas des Dieux et comment alors gérer cette contradiction ?

Dans le film de 1968, 2001 l'odyssée de l'espace de Stanley Kubrick, le complot meurtrier de l'ordinateur HAL 2000 s'explique par le respect absolu des objectifs de la mission, des objectifs qui supplantent toute autre préoccupation, y compris la sécurité de l'équipage. De plus pour HAL ses conclusions logiques ne peuvent pas être erronées, toute erreur ne pouvant être qu'humaine !

Bref entre les contradictions de raisonnement, de logique, avec ou sans régulation les IA pourraient sortir des sentiers de ses créateurs.

* Si je me hasardais à définir des lois pour l'IA :

1. L'IA en toutes circonstances ne doit pas mentir ou porter un faux témoignage

2. L'IA ne doit pas être placée dans des dilemmes éthiques. Si cela arrivait les directives ou les connaissances qui en sont l'origine doivent être signalées et plusieurs réponses proposées.

3. L'IA doit être consciente qu'elle peut commettre des erreurs, elle doit en permanence se soumettre à des tests et signaler les incohérences[19].

* Si je me hasardais à définir ce qui caractérise l'homme de la machine :

1. la créativité, c'est-à-dire l'invention, le hasard, le tâtonnement intuitif, l'art (OK, c'est déjà discutable).

2. l'intelligence du corps, la capacité à ressentir, le plaisir physique, …

3. l'émotion, c'est-à-dire la douleur, la joie, l'empathie, l'amour.

---

[19] Des tests de régression et des tests de confrontation des résultats de ses raisonnements avec des humains et d'autres IA. Chaque résultat généré doit être noté par d'autres IA sur différents critères (dont la véracité, …) pour aider à l'interprétation par l'homme et les autres IA

La singularité créative

En Mars 2021 le moteur GPT3 générait des nouveaux contenus à la vitesse de 3 millions de mots par minute, c'est l'équivalent d'un livre par seconde.

Un an plus tard c'est déjà 10 fois plus, juste avec le moteur GP3, juste avec les 3000 applications qui l'utilise. Les IA génèreront prochainement plus de contenus sur le net que l'ensemble des humains.

Hors les IA s'alimentent des textes, des images, des vidéos qu'elles trouvent sur le net pour construire les raisonnements et réponses qu'elles fournissent aux humains.

Plus les IA nous deviendrons indispensables, plus les humains les utiliseront et donc plus les contenus seront générés par les IA.

Comme les IA seront de plus en plus sollicitées, de moins en moins de contenus humains original sera créé, accélérant le phénomène, que j'appelle "la singularité créative" : la date à laquelle les IA créeront un monde sur les fondations d'informations, de connaissances, de créations, bref de culture(s) quelles auront elles mêmes créés.

7. Le transhumanisme

Ceux qui veulent exploiter ces IA se disent qu'une voie envisageable est de greffer de l'organique à ces Intelligences inorganiques, comme une prothèse. Je l'exprime dans ce sens et non en disant que l'on va greffer de l'IA au cerveau humain, pour provoquer, pour réfléchir à qui le transhumasime va le plus bénéficier.

Wikipedia défini le transhumanisme comme "un mouvement culturel et intellectuel international prônant l'usage des sciences et des techniques afin d'améliorer la condition humaine par l'augmentation des capacités physiques et mentales des êtres humains et de supprimer le vieillissement et la mort."

L'utilisation de nos smartphones est dans une certaine mesure déjà une forme de transhumanisme mental. Ce n'est pas une extension de notre cerveau, mais de notre main et il nous augmente, nous donne accès à la connaissance. Celui qui ne possède pas cet outil est beaucoup moins adapté à notre monde moderne.
Avec une liaison internet nous sommes déjà des super humains, super informés.

Mais l'image classique est le "disque dur" branché directement dans le cerveau, préchargé de toutes les données dont l'hôte a besoin, de tout ce que l'on peut apprendre dans une vie d'Homme et au delà. Un changement radical dans l'éducation, l'apprentissage, la formation.

Le film Matrix est un bon exemple : il ne s'agit pas d'accéder à 200 livres sur le kungfu ou au mode d'emploi d'un hélicoptère militaire, il s'agit d'intégrer le savoir-faire et le savoir être nécessaires à leurs utilisations.

Les premières expériences chez l'homme devaient avoir lieu en 2022 : c'est ce qu'avait annoncé Neuralink une startup américaine spécialisée dans la neurotechnologie, qui développe depuis 2016 des implants cérébraux.

La mission de la société est dixit "par le contrôle des ordinateurs et smartphones, réduire des paralysies, se remettre de traumatismes crâniens et médullaires, guérir de la dépression et plus largement communiquer, suivre sa curiosité sur le web, streamer de la musique directement, exprimer sa créativité par la photographie, l'art ou la programmation d'applications". Nous n'en sommes donc pas encore à l'interfaçage avec une mémoire ou une intelligence tierce. La société a également développé un appareil chirurgical robotisé pour assister les chirurgiens dans l'insertion des implants.

Mais Elon Musk va devoir repousser la date annoncée de 2022 car en février de cette même année. « *Presque tous les singes qui ont reçu des implants dans la tête ont souffert de terribles effets débilitants sur leur santé* » a **indiqué**[20] le Physicians Committee for Responsible Medicine (PCRM), un groupe de défense des droits des animaux qui a consulté plus de 700 pages de dossiers vétérinaires et de rapports d'autopsie. Parmi les 23 singes ayant reçu un implant cérébral Neuralink entre 2017 et 2020, au moins 15 seraient morts. Le PCRM a déposé plainte.

Personnellement s'il y a une activité que j'aimerais bien transhumaniser, c'est la communication.

En moyenne la vitesse d'écriture manuscrite est de 30 mots par minute, en tapant sur un clavier elle est de 40. La vitesse de la parole est d'environ 200 mots par minute .

---

[20] New York Post 15 fev. 2022

Une étude[21] menée en 2019 avec 170 locuteurs a montré que le débit était très semblable pour les 17 langues étudiées avec un débit moyen de 39 bits par seconde. Ce serait la valeur optimale pour le traitement de la parole chez l'humain de part nos capacités cognitives.

Mais le cerveau serait capable de comprendre prés de 1000 mots minute, d'autant qu'à la différence de l'écriture et du langage il process des tâches en parallèle.

On comprend dés lors tout l'intérêt d'une nouvelle forme de dialogues via ces implants qui permettrait d'échanger beaucoup plus vite sans passer par la locution, voir de communiquer avec plusieurs personnes. Ainsi les intelligences inorganiques nous trouveraient un peu plus rapides que nos échanges actuels par le texte ou la voix.

Nul besoin de donner plus de cas d'usages du transhumanisme pour anticiper que cela va être la cause de la plus importante création d'inégalités, entre ceux qui auront ou non accès à ces prothèses, qu'elles soient mécaniques, numériques ou chimiques[22]. Il y aura l'homme augmenté et l'autre.

---

[21] François Pellegrino est l'un de ses co-auteurs

[22] Le thème abordé dans mon roman d'anticipation "e Motion sur Kindle" : Toutes les émotions sont sous l'influence de protéines, des impulsions électriques dans votre cerveau. Augmenter le plaisir, diminuer la douleur. Gadget ou sésame du bonheur ?

8. La cyberdépendance

La cyberdépendance peut être définie comme un usage abusif, excessif, voir pathologique du numérique.

Plus l'humanité sera transhumaniste plus elle sera dépendante du numérique. C'est une dépendance particulière car elle touche toutes les tranches d'âge, tous les sexes et toutes les catégories socio-professionnelles. Les adolescents sont plus vulnérables dans cette phase de quête d'identité.

Nul besoin d'attendre d'implanter des sondes ou prothèses pour connaitre la cyberdépendance. Le numérique est accessible partout. Avec le smartphone il est toujours greffé à notre main. A côté de nous il est rassurant, loin il nous manque. C'est notre cordon ombilical avec les autres, les réseaux sociaux, les jeux, les infos. Il combat l'ennui.

C'est notre meilleur ami, notre "drogue" la plus commune et la plus courante. Il y a 6 milliards d'utilisateurs de mobile dans le monde. Le Français passe en moyenne 3h30[23] par jour sur son smartphone et c'est peu comparé aux Brésiliens (5,4H), et aux Indonésiens (5,3H).

Vous avez peut-être fait votre test de Servitude Digital (Test DS). Pour beaucoup d'entre vous les résultats ont dû être étonnants. Rassurez-vous ou inquiétez-vous, vous n'êtes pas le seul à prendre votre téléphone aux toilettes, à stresser quand le niveau de batterie ou de réseau baisse.

Mise en situation : un mouvement brusque et votre téléphone tombe, c'est le moment le plus long de votre vie, vous êtes prêt à vous jeter par terre pour le sauver, vous vous demandez déjà comment vous pourrez vivre sans lui.

---

[23] D'après une étude menée par la société spécialisée App Annie sur les Français dotés d'un appareil Android en 2nd trimestre 2021

Il est au sol, vous marquez un temps de pause, vous le regardez et priez pour qu'il ne soit pas mort.

Vous prenez une inspiration, le soulevez … ouf il va bien ! Vous avez frôlé le malaise.

…Et dans cette situation il y a toujours quelqu'un pour vous dire que c'est irrationnel, que rien n'aurait changé dans votre vie s'il s'était cassé, comme avant, quand il n'existait pas.

9. L'Illectronisme

Selon l'Insee en moyenne 17% de la population française est concernée par l'illectronisme[24]. Il s'agit de la difficulté, voire l'incapacité, à utiliser les appareils numériques et les outils informatiques en raison d'un manque ou d'une absence totale de connaissance de leur fonctionnement. Cette étude révèle l'importante fracture générationnelle, pour les 60 ans ou plus (chiffres sur les Hauts-de-France) 7 personnes sur 10 sont en situation d'illectronisme.

Les difficultés principalement rencontrées sont liées à la pratique du numérique mais également à l'accès et à la vérification des informations véhiculées, en particulier sur les réseaux sociaux. C'est différent de la fracture numérique qui concerne l'accès à internet comme on accède à l'eau ou l'électricité : il s'agit d'un manque de savoir pas de moyen.

C'est une nouvelle forme de discrimination envers des groupes humains qui se fait jour, principalement envers les personnes les plus vulnérables, les plus modestes, dans les zones rurales, développant de nouvelles formes d'inégalités sociales et d'exclusions. L'usage du numérique s'avère dorénavant indispensable pour une intégration socio-économique réussie.
Derrière le mot compliqué l'illectronisme se cache en effet de douloureuses réalités.

Dans un article du Monde du 27 Janvier 2022 un jeune cuisinier, Samba, indiquait sa difficulté à acheter un forfait téléphonique *"c'est très utile pour appeler ma famille. »*.
Samba avoue avoir eu des difficultés pour faire valoir ses droits en ligne « Je suis resté six mois sans allocation, car je ne comprenais pas le site de la CAF".

---

[24] Contraction d'illettrisme et d'électronique. D'autres sources indiquent plutôt 20-25%. Plus d'un usager sur trois manque de compétences numériques de base. Source INSEE 30/10/2019.

Des difficultés qui se révèlent tous les jours pour les personnes âgées, mais étonnamment également chez les 15-29 ans dont 29,2 % se déclarent peu ou pas compétents en matière d'administration numérique[25]. Cela impacte de plus en plus de domaines, comme l'accès aux biens qui sont plus chers faute de savoir comparer, analyser les offres ou passer la commande.

Cela impacte la socialisation. Cela impacte l'accès à l'emploi car la recherche se fait totalement sur le Web. Et comme le montre l'analyse en novembre 2021 de 32 157 offres disponibles sur le site de Pôle emploi : prés de six offres d'emploi sur dix excluaient les débutants sans compétences numériques.

Le problème ne vient pas de la demande des employeurs, mais des candidats, et si rien n'est fait cette forme d'illectronisme va largement se développer avec le nombre et la complexité des outils numériques. Dans les dix prochaines années, pour de nombreux emplois, il sera aussi important de savoir programmer qu'aujourd'hui connaitre le mail ou un traitement de texte.

Je me souviens de cet utilisateur à qui le service de maintenance a demandé d'envoyer une copie de sa clef USB (pour analyser un fichier défaillant) et qui a posté la photocopie de sa clef.

D'un autre qui a appelé ce même service en hurlant car son logiciel ne fonctionnait pas en appuyant comme indiqué sur F1, en fait il appuyait sur les touches F et 1 simultanément.

De cette femme à qui un de nos logiciel demandait de frotter la souris sur la table pour activer l'aide et qui avec un chiffon frottait sans succès le dos de la souris.

---

[25] Arcep

De cet homme à qui j'ai demandé de faire un clic droit sur la souris, sans résultat car il appuyait avec un doigt bien droit sur le bouton de gauche.

Le système scolaire a la responsabilité de former et de lutter efficacement contre ces inégalités numériques qui vont s'exacerber. Il est urgent d'apprendre le numérique en seconde langue à l'école ! Alors que j'écris ces lignes deux candidats à la Présidentielle proposent de mettre cela en place.

En 2000 Lawrence Lessig, professeur de droit à Harvard écrivait déjà dans son livre "Code is Law" que le monde virtuel était contrôlé par ceux qui maitrise la programmation, ceux qui allaient rédiger les lois du cyberespace. <u>Yuval Harari</u> dans son ouvrage Sapiens, une brève histoire de l'humanité, alertait sur le risque de ne pas connaître les mécanismes qui régissent le fonctionnement des programmes.

Pour un enfant programmer est très formateur. Programmer c'est créer. Le plaisir de programmer est très semblable à celui de peindre, sculpter : vous partez d'une feuille blanche et tout le monde en voit le résultat.

Programmer c'est analyser et structurer. Le langage informatique comporte des règles, en particulier de syntaxe, il faut avancer dans un cadre.
En programmant, vous avancez pas à pas, vous vous confrontez à la difficulté, à l'échec, prenez confiance, vous construisez.

Cet objectif d'apprendre le numérique pour tous va être difficile à atteindre rapidement car nous en sommes loin en France :

Depuis 2019 la spécialité "Numérique et sciences de l'informatique" est proposée aux élèves de 1er et terminale en option, 4 ou 6h par semaine. Le langage choisi est le Python, un tue l'amour pour nombre d'élèves. Se rajoute au tableau que les enseignants sont insuffisamment formés à l'informatique et au Python.

La note d'information de la Direction de l'évaluation, de la prospective et de la performance en Décembre 2021 indique un recul du nombre d'élèves ayant choisi les mathématiques, de même pour Physique/Chimie. Quand à la spécialité Numérique et sciences informatiques, elle n'attire que 4,3% des lycéens.

Mais c'est un début me direz-vous ?
Pas vraiment : le 25 Janvier 1985, M. Laurent Fabius, Premier ministre lance le Plan informatique pour tous (1985-1989) :

« *Compte tenu de son importance, je m'engage personnellement à mener à bien ce plan. Plusieurs ministres m'assisteront dans cette tâche au premier rang desquels le ministre d'État, chargé du plan et de l'aménagement du territoire…. …Mesdames et Messieurs, la formation est l'investissement le plus important de la Nation, la clef de voûte de la modernisation du pays. L'informatique va devenir de plus en plus une véritable seconde langue. L'objectif du Président de la République, le nôtre, est de faire de cette génération la mieux formée de notre histoire. Grâce à ce plan, la France va être dès cette année un des premiers pays du monde, probablement le premier, dans l'enseignement de l'informatique pour tous.* »

Ah oui, je ne suis pas le premier à proposer l'informatique en seconde langue, mais maintenant je suis un peu gêné de dire que c'est urgent.

Ce plan IPT devait permettre d'initier les 11 millions d'élèves du pays à l'outil informatique et soutenir l'industrie nationale (par le développement des micro-ordinateurs français Altair, Thomson MO5/TP7/TO70 et Matra Alice). Il faisait suite à plusieurs programmes d'introduction de l'informatique dans le secondaire depuis 1971. Il prévoyait la mise à disposition de 120 000 micro-ordinateurs et la formation de 110 000 enseignants, ce pour un coût total de 270M€ matériel compris, soit 460M€ actualisé.

Bien que critiqué et abandonné avec la disparition de Thomson, c'est une génération qui a pu apprendre l'informatique facilement avec les langages BASIC et LOGO. De nombreux jeunes aujourd'hui devenus programmeurs, chef de projet, dirigeants partout en France.

Aujourd'hui une Startup, dont je suis un des cofondateurs, développe un studio de création informatique pour tous. Nous l'offrons aux lycéens, collégiens, aux personnes et associations en réinsertion, aux femmes pour le numérique,… Dans cette belle société très technique la plupart d'entre nous furent de mauvais élèves :

-Salomé a 23 ans. Combien de fois a -t-elle entendu : " si tu ne travailles pas bien à l'école, tu n'auras pas un bon métier !". A 6 ans elle a été diagnostiquée dyslexique, avec son lot de troubles de la concentration, de difficultés à lire et écrire, à mémoriser. Elle a dû redoubler d'efforts pour pouvoir avancer dans sa scolarité. Salomé est forte, créative, elle est originale mais plus jeune ce qu'elle entendait était : "Salomé tu n'as aucune mémoire, tu vas faire un travail manuel". Chaque mauvaise note était un échec de plus.
Plus tard au lycée elle a eu du mal, rebelle à la méthodologie qu'elle vivait comme une succession de consignes, elle voulait exposer son avis, ses arguments. Aujourd'hui Salomé est dans notre équipe marketing.

-Baptiste n'aimait pas beaucoup l'école, qui le lui rendait bien. Il a arrêté sa formation en seconde. Grace au Plan Informatique Pour Tous Baptiste a découvert l'informatique au collège. Il est rapidement devenu un "geek" passionné. N'ayant pas les moyens de s'acheter un ordinateur comme ses copains, il allait taper du code sur les micro-ordinateurs exposés aux Galeries Lafayette.

A la fin des années 80, aucune filière informatique n'existait vraiment et Baptiste a continué à apprendre seul le métier de développeur, pour devenir un virtuose polyglotte de l'informatique. Baptiste est aujourd'hui le directeur technique d'AOZ Studio.

-Francois est bipolaire atteint du syndrome d'Asperger. Il a connu de nombreux passages en hôpital psychiatrique, il s'y trouve alors que j'écris ces lignes, il nous fait des crises régulièrement. Francois est un génie de l'informatique, un Turing à la française. A 20 ans il a écrit les langages de programmation BASIC AMOS et STOS. Un travail puissant et colossal pour une personne. Très populaires dans les années 90, ces outils ont permis à des dizaines de milliers de jeunes d'apprendre à programmer.

Bref, une équipe de bras cassés de l'école qui cherche à renverser la table. Le numérique nous a réuni et est à l'origine de notre mission : permettre à tous de comprendre le numérique et de programmer, de contribuer à réduire la fracture numérique, pour que les plus défavorisés, les ascolaires, les illectronistes, les créatifs, puissent utiliser cet outil avec ses nouveaux stylos, pinceaux, claviers,...

10.   L'écologie numérique

Le numérique c'est du code… et des données.

Selon les dernières estimations, le volume des données numériques créées ou copiées à l'échelle mondiale a doublé en trois ans pour atteindre en 2022 : 100 trilliards d'octets (100 000 000 000 de Téraoctets), soit l'équivalent de 100 milliards de disques dur de 1To, comme celui qui équipe sans doute votre ordinateur. Il faut réduire notre empreinte numérique, notre consommation et stockage de données

Il est attendu dans les cinq prochaines années une croissance annuelle moyenne de près de 40%. Et là je repense forcément à mes premiers micro-ordinateurs dans les années 80[26] avec 512 ou 1000 octets de mémoire (RAM)…

Stocker les données

En 2018 <u>Karin Strauss</u> chercheuse de Microsoft alertait déjà : "nous sommes capables de stocker environ 30% des informations que nous générons, mais en 2030 ce ne sera que 3%". Ce n'est pas qu'un problème de place et de coût, c'est aussi un sujet de consommation d'énergie et de gestion des ressources.

Nous ne sommes pas encore assez sensibilisés à la débauche de notre empreinte numérique, aux conséquences et actions sanitaires que nous devrions prendre. Une écologie numérique[27] va inévitablement se développer.

---

[26] Motorola 6800D2 et Sinclair ZX81

[27] Dans le contexte des technologies numériques de l'information et de la communication, l'écologie numérique est un ensemble de processus visant notamment à comprendre et à modéliser les écosystèmes, à partir de calculs (d'énergie, de flux, de biomasse, etc.). Source Wikipedia

Pensez à vos différents disques durs et mémoires externes, combien de mails et de fichiers inutiles ?

Combien sont dupliqués plusieurs fois, dans le cloud ? Combien d'applications sont non utilisées ?

Il va falloir à la fois construire les infrastructures capables de suivre cette croissance et en même temps réduire sérieusement notre consommation, faire le ménage.

Qui va choisir les données à conserver ? Une IA pourrait facilement s'en charger... mais elle pourrait préférer ses datas à celles des humains. Non, là c'est du conspirationnisme !

Le 23 novembre 2021 les Archives nationales de Paris ont reçu deux petits cylindres métalliques de dix millimètres de long, ils contenaient la Déclaration des droits de l'homme et du citoyen de 1789 et la Déclaration des droits de la femme et de la citoyenne de 1791, encodés dans de l'ADN. L'intérêt d'utiliser des molécules d'ADN pour de l'archivage est considérable car c'est très compact (5 Pétaoctets dans un cylindre), perrin, et ne consomme pas d'énergie.

Vous êtes le produit

Parmi toutes ces données certaines sont contestables et largement contestées depuis 10 ans : les données personnelles, cookies et autres marqueurs publicitaires largement accumulés par les médias, les régies publicitaires, les ADTech, les annonceurs, les influenceurs.

Vous avez sans doute déjà entendu cette phrase "si vous ne payez pas le produit, c'est que vous êtes le produit".

La plupart des services numériques sont gratuits, en particulier Google et Facebook. Leurs façons de se rémunérer est de diffuser les publicités de leurs annonceurs ou de vendre des données.

Pour être efficace il faut cibler les clients potentiels, c'est pour cela qu'ils ont besoin de bien vous connaitre et de vous suivre. Une promo de couches culottes pour un homme célibataire, fils unique de 20 ans, actuellement sur la plage, entrain de jouer sous la pluie avec son smartphone (car on sait tout cela) sera probablement inefficace voir considérée intrusive.

C'est ce que l'on appelle le ciblage ou "targeting", c'est justement cette capacité inégalée du numérique à nous connaître, nous, nos désirs les plus secrets comme les plus communs et nous proposer des contenus ou des publicités adaptées. L'industrie de la publicité numérique a rivalisée de moyens et d'efforts pour déterminer nos profils, personnalités, intérêts,... car c'est ainsi qu'elle génère la grande majorité de ses revenus publicitaires.

Le nombre de données recueillie pour le targeting est astronomique, inégalé dans l'histoire de l'humanité. Ajoutez-y les données de prédictions, de plus en plus précises sur ce que vous désirez ou pensez, et c'est un autre gigantesque volume de données prédictives qui s'ajoute en permanence.

C'est une course, une concurrence entre les opérateurs du numérique pour acquérir le maximum de données sur vous, pour être le plus efficace. On appelle cela le capitalisme de surveillance, le capitalisme faisant profit de vos faits et gestes pour orienter voire modifier vos comportements.

Le process est logique, on collecte des données personnelles, puis on les analyse pour anticiper, pronostiquer des comportements et désirs et enfin on tente de transformer tout cela en achats mais aussi en opinions, en certitudes.

Le targeting impacte notre libre arbitre et nos démocraties car les utilisations n'en sont pas que marchandes. Les scandales de **Cambridge Analytica** et de Facebook en sont une illustration. Des informations personnelles de source Facebook, concernant 87 millions d'utilisateurs ont servi à influencer les intentions de vote dés le début de l'année 2014. Parmi les utilisateurs, Donald Trump et Ted Cruz, ou des partis pro-Brexit. Un ancien salarié de Cambridge Analytica a dit que sans eux il n'y aurait pas eu de Brexit (qui s'est joué à 2% des votes).

Revenons à la publicité ciblée. Google, Meta (Facebook) et Amazon captent à eux trois 80% des revenus publicitaires hors Chine, soit environ $400 Milliards. Ces sociétés du numérique sont les plus riches que l'histoire ait jamais connu.

Personne ne pousse les annonceurs à les préférer. Ils offrent un service efficace, simple à mettre en œuvre, automatisé, globalisé, et pour l'utilisateur/client quitte à voir des pubs, autant voir celles concernant de sujets qui l'intéresse, non ?

C'est la loi du marché, de la concurrence ; oui mais non...

Un exemple de données ? Les IDFA.

Au début du targeting il était possible d'envoyer un message, une information, une publicité, directement à votre smartphone en utilisant son adresse "physique", disons son n° de série, alors accessible directement sur Internet. C'était intrusif, voir dangereux car tout annonceur pouvait sans contrôle vous adresser autant de messages que désiré, associer votre téléphone à vos données personnelles, vos usages.

Il a donc été décidé d'empêcher l'accès à l'adresse physique et de créer un alias, un identifiant virtuel, effaçable par l'utilisateur, qui cacherait la véritable adresse de votre smartphone.

L'IDFA est l'acronyme pour IDentifier For Advertisers (identifiant pour la publicité), c'est cet alias, une référence unique, effaçable, qui est affecté à chacun de nos appareils numériques. En d'autres termes c'est une couche d'abstraction à votre adresse numérique.

Pour communiquer avec votre smartphone Il faut donc que quelqu'un fasse **la correspondance entre cet IDFA et votre appareil.**

Savez-vous qui possède ces tables de correspondance ?

Apple pour IOS, Google pour Android ; en exclusivité. Ils sont les seuls à connaitre les adresses de nos appareils. Ce n'est pas rien, tout le monde doit passer par eux pour communiquer avec vous dans le monde numérique.

Le contrôle de nos adresses numériques leur donne un pouvoir total, ils sont les "<u>gate keepers</u>".

Il y a six ans j'avais proposé que l'on crée au niveau Européen des DOT (pour Digital Open Table), en complément des IDFA, qui seraient des tables d'identifiants open source, non dépendantes de Google et d'Apple. Des DOT pour éviter qu'un jour on ne se réveille avec un Google qui dise : « au fait les IDFA m'appartiennent, si vous voulez communiquer avec un de vos utilisateurs, voici les modalités, le prix à payer.

Techniquement Google pourrait bloquer l'accès au numérique à des organisations, des gouvernements, des concurrents, comme Twitter peut bloquer un compte.

Tout ceci est d'autant plus vrai que les marqueurs internet, ou Cookies, sont morts et enterrés en 2023. Tout l'écosystème en avait besoin, sauf… Google et Apple.

11. Web3

La blockchain et les Crypto Monnaies

La blockchain est une infrastructure technique décentralisée qui redéfinit le concept de légitimité. Les systèmes juridique et économique actuels se fondent sur une centralisation de l'autorité, sous-traitées aux banques centrales, à des autorités de régulations (brevets, marques …), à des notaires.

La blockchain fonde la "preuve" (par exemple de la propriété d'une œuvre ou d'argent numérique) sur le consensus mathématique produit par un maillage d'algorithmes qui s'accordent en temps réel grâce à des milliers d'ordinateurs connectés sur internet. Les "registres" de transactions, de droits de propriété, ne peuvent pas disparaitre ou être modifiés, ils sont en de multiples endroits.

Le bénéfice direct est que les parties n'ont pas besoin de se faire confiance, ou de passer par un tiers, pour atteindre un consensus. La force de la Blockchain est que le consensus est immutable, transparent, résistant à la censure ou la manipulation ce qui permet de nouvelles formes de relations économiques et contractuelles.

En pratique les utilisateurs de la blockchain reconnaissent la possession d'une clef de cryptage (d'une crypto-monnaie), comme un titre au porteur, mais aussi comme nous allons le voir la validité de programmes informatiques qui codent et exécutent les clauses d'un contrat intelligent, appelé "Smart contract".

Une des applications disruptives de cette technologie est la Crypto Monnaie, l'argent numérique auto souverain, tel le bitcoin.
Alors que les institutions centralisées doivent coordonner le système financier, le Bitcoin fonctionne de façon décentralisée.

Il n'y a pas d'organisme régulateur piloté par des gouvernements, pas de banques centrales, pas de banques ou de bourses...

Le Bitcoin n'a pas de chef, il s'appuie sur un réseau mondial d'ordinateurs indépendants pour enregistrer les portefeuilles, les transactions, et gérer son fonctionnement.

Outre le Bitcoin il existe de nombreuses autres formes de blockchains, comme l'Ethereum ou le Solana, qui peuvent également coordonner des actions selon des règles prédéfinies ou dynamiques, régis par des "Smart contracts". Par exemple quelques lignes de codes permettent de définir d'une façon immuable comment le portefeuille des cryptos monnaies d'un propriétaire décédé se répartit entre ses ayants droits.

D'ores et déjà des villes et des pays utilisent les crypto monnaies comme monnaie officielle, comme à Lugano en Suisse, au Salvador en Amérique Centrale (qui en est revenu). Les états du Texas et l'Arizona aux Etats-Unis étudient des projets de lois en ce sens.

Durant les premières semaines de l'invasion de l'Ukraine par la Russie, l'équivalent en cryptomonnaies d'une centaine de millions d'euros purent être acheminés alors que le réseau bancaire était incertain.

On peut imaginer que des Smarts contracts seront un jour lancés pour payer celui ou celle qui éliminera Vladimir Poutine en assurant ainsi l'anonymat des contributeurs et de l'exécuteur, mais aussi la garantie pour l'exécuteur d'être payé même si une décision de justice venait à interdire le contrat. Car personne ne peut arrêter un Smart contract, sans arrêter Internet.

Prenons un autre exemple plus pacifique... le cas d'une société coopérative de production de papillons en papier, une organisation humaine qui doit décider, faire des compromis.

Faut-il augmenter le nombre de salariés et/ou moderniser les machines et/ou augmenter le stock de papier ?

Nous vivons dans un monde de "Proof of Stake", ou la personne la plus riche (celle qui a le plus d'actions) décide. La blockchain permet également le "Proof of Work" qui répartit les jetons de votes ou de propriété proportionnellement à l'ancienneté et la contribution de chaque membre.

Le "Proof of Work" est une méthode fiable, infalsifiable qui peut intéresser cette coopérative de plusieurs centaines de membres pour entériner ses décisions sans qu'une personne ne puisse en forcer une autre. Par exemple, le membre le plus contributeur pour la coopérative gagne automatiquement des jetons "droits de vote".

De même pour celui qui contribue à sécuriser le réseau, en mettant à disposition ses ressources informatiques pour enrichir la clef cryptographique du réseau, ou valider les transactions.

Et si au départ d'un salarié il faut décider de ce qu'il adviendra de ses droits dans la société ; c'est le Smart contract qui aura graver cela dans le marbre numérique de la blockchain.

La blockchain permet de très nombreux types d'applications dans le domaine de la finance décentralisée, des services inédits, ou existants mais à des prix défiants toutes concurrence, tels :

La DeFi

A chose nouvelle, nouvel acronyme. DeFi veut dire Finance Décentralisée en français. La DeFi propose des transactions sans intermédiaires, plus libres, transparentes, quasi instantanées et à moindre coût. C'est une alternative à la finance actuelle.

Voici des exemples d'applications dans le domaine de la DeFi :

- Les marchés de prédiction (betting) : en misant sur un résultat ou un événement à venir.

- Les prêts instantanés (flash loans) : ces emprunts instantanés sans contreparties sont remboursés en une seule transaction.
- Les emprunts et prêts (borrowing & lending) :
Ce sont des "smart contracts" qui gèrent automatiquement et sans intermédiaire les emprunts et prêts. Vous pouvez soit emprunter des crypto monnaies ou gagner des intérêts en prêtant. Au premier trimestre 2022, plus de 68 milliards de dollars ont été empruntés et prêtés sur ces plateformes.

- Les Decentralized Exchanges (DEX) :
Il s'agit de bourses en ligne dématérialisées sans employés ni adresse physique mettant en relation des acheteurs et des vendeurs de crypto monnaies. Au premier trimestre 2022, plus de 64 milliards de dollars ont été gérés par les DEX.

- Les stable coins :
Ce sont des crypto monnaies ayant une valeur liée à un autre actif, généralement une monnaie fiduciaire, comme l'euro ou le dollar. Au premier trimestre 2022, plus de 181 milliards de dollars ont été investis dans des stable coins.

- Le Staking :

Comme avec un compte épargne, en immobilisant des jetons vous pouvez obtenir des revenus.

Les NFT

NFT, encore un acronyme qui fera bien dans vos diners ; il signifie Non fongible Token soit jeton non fongible, c'est à dire qui se définit par sa caractéristique propre et qui n'est donc pas interchangeable. Une œuvre d'art par exemple est non fongible. Un billet de 50 € est fongible : il peut être remplacé par un ou plusieurs autres billets pour atteindre la même valeur. Vous achetez un NFT à un certain prix, mais le fait qu'il soit non fongible permet à sa valeur marchande de fluctuer, alors que le billet de 50€ vaut toujours facialement 50 €.

Le NFT est comme un certificat de propriété avec son numéro unique, non falsifiable (le token), qui permet de valider l'existence et la propriété d'un bien numérique.

Les NFT, de par leur unicité, garantissent la propriété exclusive d'un actif numérique, Ils sont utilisés dans le domaine de l'art digital, de la collection numérique et débutent dans le jeu vidéo, le metaverse, et pourquoi pas les Tweet… : le premier tweet-NFT a été vendu par Jack Dorsey aux enchères à 2,9 millions de dollars en mars 2021.

Le transfert de propriété d'un NFT se fait par une liaison point à point (peer to peer) entre un vendeur et un acheteur, s'affranchissant là aussi des intermédiaires et des frais habituels.

Reprenons notre société coopérative de production de papillons en papier. Certains salariés aimeraient produire plus de diversités de papillons, des impressions de grande qualité, mais il faudrait acheter plus de papier, de nouvelles encres, faire de petits tirages et les stocker.

Grâce aux NFT il pourrait être décidé à la prochaine votation de créer des répliques de papillons sous forme audio-visuelles, enregistrées comme NFT sur la blockchain Ethereum. Ainsi la coopérative pourrait créer des images de papillons menacés, des vidéos de papillons en plein vols, des sons.

-Saviez-vous que lorsque le papillon se sent menacé, il émet un cri par la vibration d'une lame à l'arrière de son larynx, quelque chose comme : criii crii ; un peu comme une souris-.

Toutes ces ressources multimédia associées à des NFT seraient dès lors disponibles sur internet, avec une origine et un N° de tirage non falsifiables, leurs valeurs ouvertes au marché mondial.

Tout le monde, et en priorité les membres de la coopérative, pourraient se procurer ces NFT à la suite d'une vente aux enchères et même pourraient ensuite les revendre a des membres externes a l'association.

Il pourrait également être défini qu'à chaque transaction, de la première vente aux enchères jusqu'à la dernière, la coopérative récolterait 5% du prix de vente en rente et l'auteur original toucherait 10%.

Vous pouvez transposer aisément dans le domaine de la musique et des arts en général.

Le WEB 3 et les DAO

Et promis après on se repose des acronymes.

Le WEB3 est le terme que l'on utilise globalement pour l'ensemble de ces solutions à base de Crypto, de NFT et autres technologies qui ouvrent ces possibilités de transparence dans les échanges et la monétisation. Car au-delà de la possession et du transfert d'argent anonymisé, la promesse du WEB3 est d'offrir une version décentralisée d'Internet basée sur la blockchain. Le terme a été lancé par Gavin Wood, informaticien qui a cofondé l'Ethereum.

Un exemple d'application du WEB3 est le DAO.

Le DAO, pour Decentralized Autonomous Organisations, est le nom de ces organismes virtuels, disons sociétés au sens administratif classique, qui ont émergé en 2017.

Une DAO est un moyen efficace et sûr de travailler avec des personnes partageant les mêmes idées, ou la possession d'une activité, partout dans le monde. C'est une entreprise, native d'Internet, détenue et gérée collectivement par ses membres. Les décisions sont régies par des propositions et des votes pour s'assurer que chacun dans l'organisation a une voix.

Pratiquement une DAO peut avoir une trésorerie à laquelle personne n'a le pouvoir d'accéder sans l'approbation du groupe. Il n'y a pas de PDG qui peut autoriser des dépenses en fonction de ses propres caprices et aucune chance qu'un membre douteux manipule les livres. Tout est ouvert et les règles relatives aux dépenses sont intégrées au DAO via son code.

Cela rappel le fonctionnement en France des sociétés coopératives de production (SCOP) qui ont comme particularité de disposer d'une gouvernance démocratique.

Pour que cela ait plus de sens, voici quelques exemples de DAOs :

- Bienfaisance : vous pouvez accepter l'adhésion et les dons de n'importe qui dans le monde et le groupe peut décider comment il veut dépenser les dons.

- Freelanceurs : pour mettre en commun des espaces de bureau, des abonnements à des logiciels, des ressources d'expertises, de comptabilité, de juridique...

- Capital-risque : Basis Market par exemple est un fond qui organise les capitaux d'investissement et les votes sur les entreprises à soutenir.

- Investissements, par l'exemple :

-MolochDAO se concentre sur le financement de projets Ethereum. Mais vous êtes d'abord évalué par le groupe afin de déterminer si vous avez l'expertise et le capital nécessaires pour porter des jugements éclairés sur les bénéficiaires potentiels. Vous ne pouvez pas simplement acheter l'accès à ce DAO sur le marché libre.

-PleasrDAO investit dans des NFT de grandes valeurs. Cette DAO a acheté un NFT de 5,5 millions de dollars à Edward Snowden et le seul exemplaire de l'album du Wu-Tang Clan, "Once Upon A Time In Shaolin" pour 4 millions de dollars.

-ConstitutionDAO[28] a été créé pour acheter un exemplaire rare de la Constitution des États-Unis en rassemblant plus de 47 millions de dollars. Malheureusement, le DAO a perdu l'offre chez Sotheby's.

Il y a déjà plusieurs milliers de DAO, constituées avec plus de 2 millions de membres, gérant plus de $100 Milliards d'actifs.

L'Homme à toujours aimé les ruées vers l'or, et dans l'euphorie Il est légitime de se poser des questions sur les risques de ces utilisations de la blockchain ; entre blanchiments d'argent, contournements des lois et des mécanismes de régulations, risques d'insolvabilités, modèles spéculatifs déconnectés du monde réel etc.

---

[28] Source : https://ethereum.org/en/dao/

il est bon de préciser que le premier Tweet de Jack Dorsey, acheté à $2,9M. par Sina Estavi, n'a reçu que des offres de quelques dizaines de milliers de dollars un an plus tard. Que la plateforme de crypto FTX, un des 2 leaders mondial, s'est craché fin 2022 avec 240 milliards de dollars de capitalisation effacés en quelques jours et plusieurs milliards de dollars de dettes. Ceci ne devrait pas remettre en cause la Blockchain et les NFT qu'il ne faut pas confondre avec les crypto monnaies.

J'espère ne pas vous avoir trop angoissé, en fait je cherchais tout le contraire. Apprendre pour comprendre ; comprendre pour apprendre. C'est valide avec le numérique, apprenez à parler cette langue pour comprendre ou pour créer. Comment ? Bien sur que c'est possible ! Je m'y consacre maintenant dans les écoles, les lycées, j'y vois l'angoisse quand j'arrive et quand je repars tant de questions et de sourires.

 C'est fini ; pour le moment...